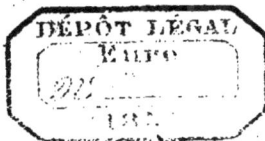

TRAITÉ

DE

FORTIFICATION

TRAITÉ

DE

FORTIFICATION

COMPRENANT

LA FORTIFICATION PASSAGÈRE, LA CASTRAMÉTATION
LA FORTIFICATION PERMANENTE
L'ATTAQUE ET LA DÉFENSE DES PLACES FORTES

Rédigé d'après le programme adopté à l'Ecole impériale spéciale militaire de Saint-Cyr

PAR

A. RATHEAU

CAPITAINE DU GÉNIE

Ancien élève de l'École polytechnique, ancien professeur de fortification
à l'École militaire de Saint-Cyr

OUVRAGE SOUMIS A L'EXAMEN DE S. EXC. LE MARÉCHAL VAILLANT
MINISTRE DE LA GUERRE

PLANCHES

PARIS

CH. TANERA, ÉDITEUR

LIBRAIRIE POUR L'ART MILITAIRE, LES SCIENCES ET LES ARTS
Quai des Augustins, 27

1858

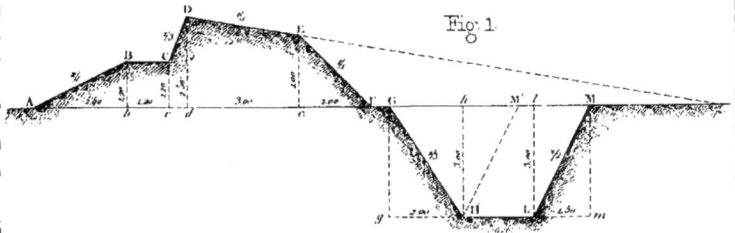

Fig. 1.

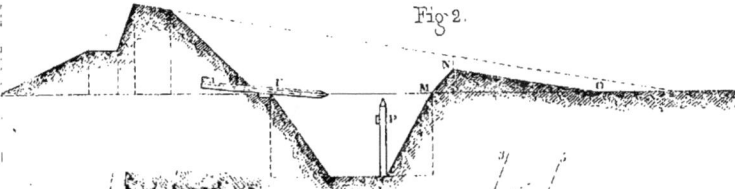

Fig. 2.

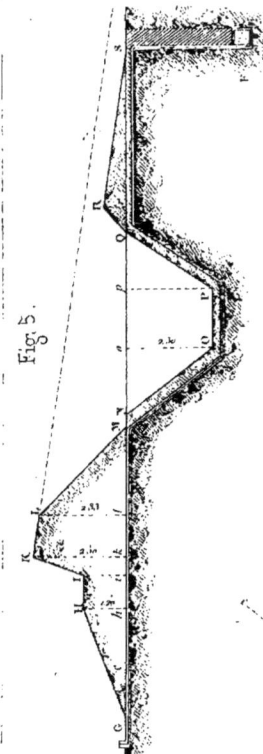

Fig. 5.

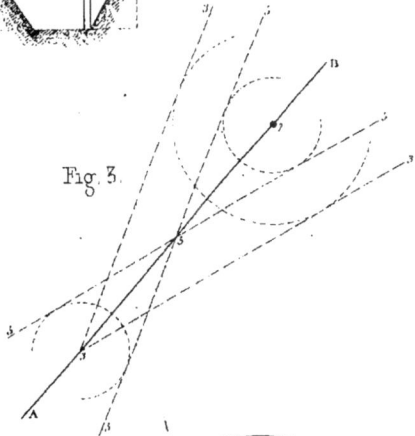

Fig. 3.

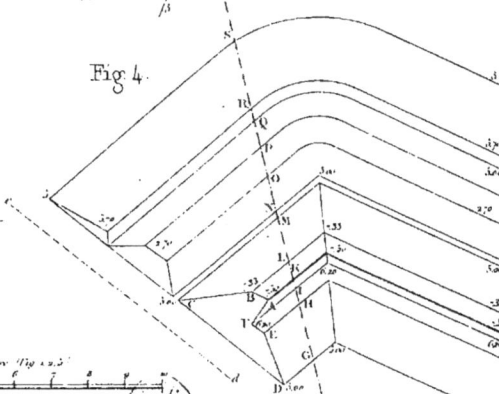

Fig. 4.

Échelle de 0ᵐ,005 par Mètre (Fig. 1.2.3.)

Échelle de 0ᵐ,003 par Mètre (Fig. 5.)

Mathieu del.

Pl. II.

Fig: 1.

Fig: 2.

Fig: 3.

Fig: 4.

Fig: 6.

Fig: 7.

Fig: 5.

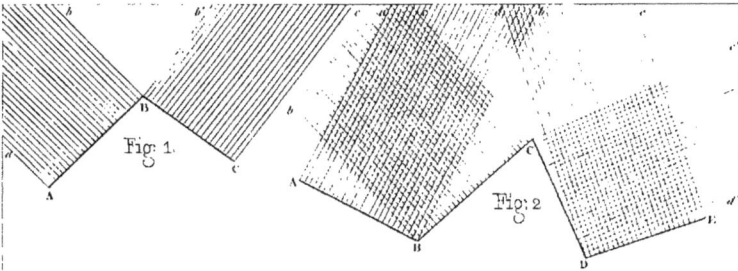

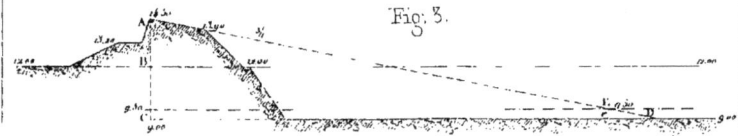

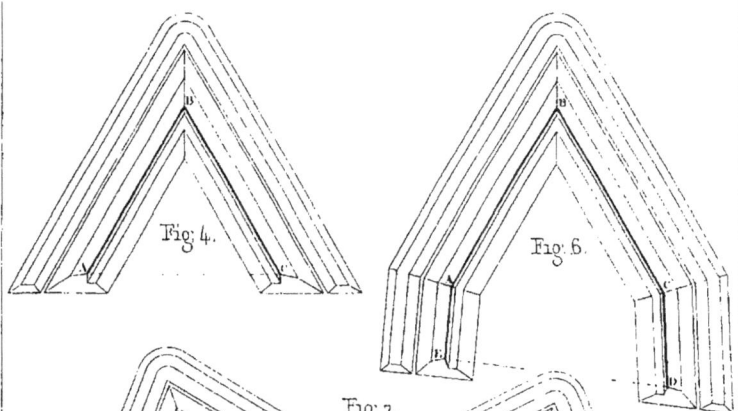

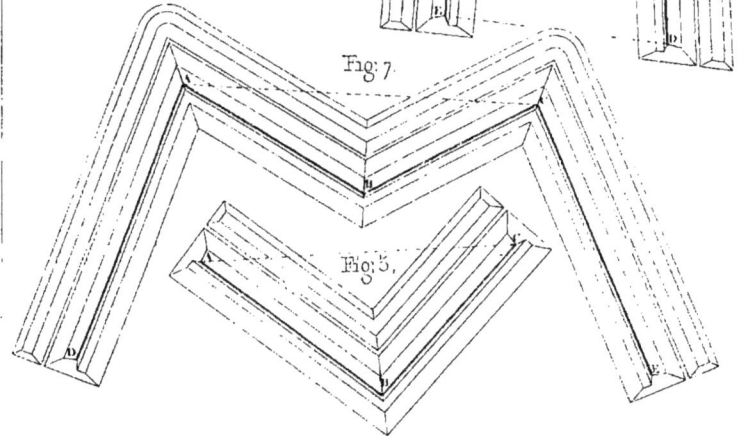

Échelle de 0^moo par Mètre (Fig à 3 6 7)

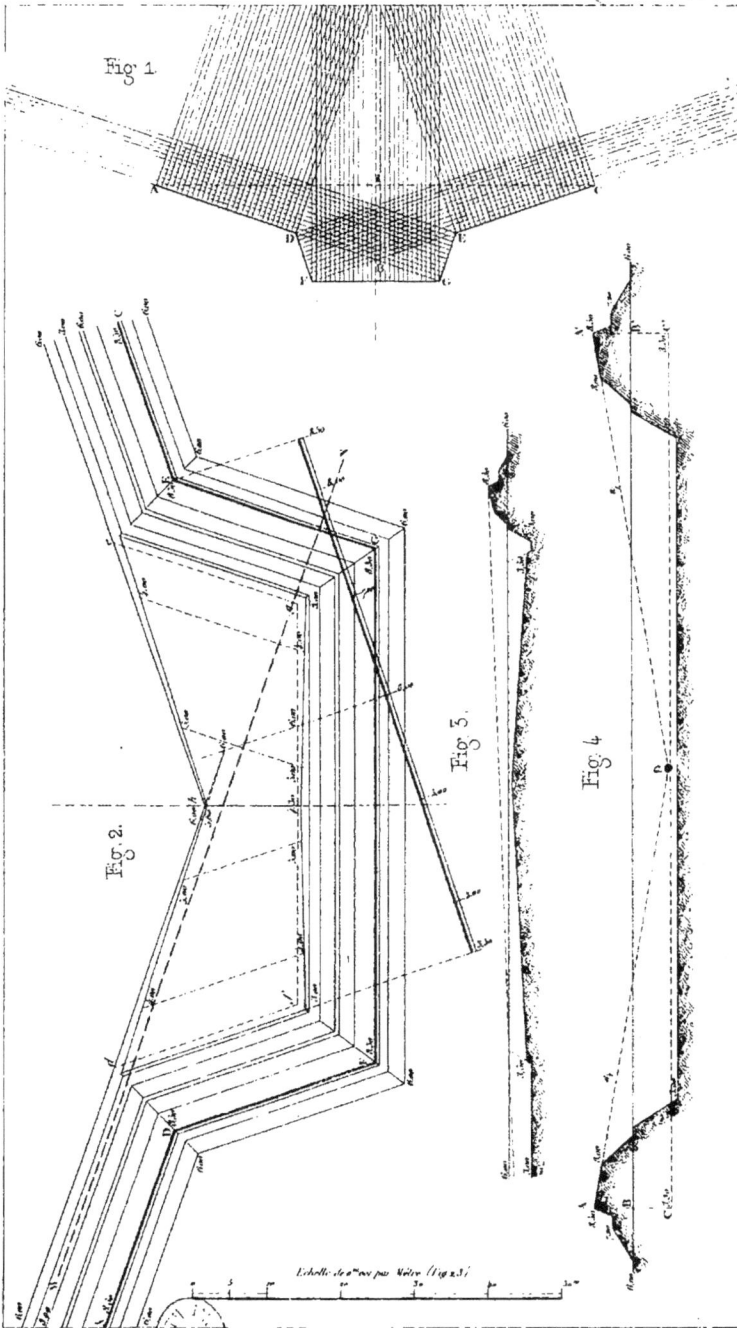

Pl. III.

Fig. 1.

Fig. 2.

Fig. 3.

Fig. 4.

Fig. 5.

Echelle de 0,00 par Mètre (Fig 2.3)

Fig. 1.

Fig. 2.

Fig. 3.

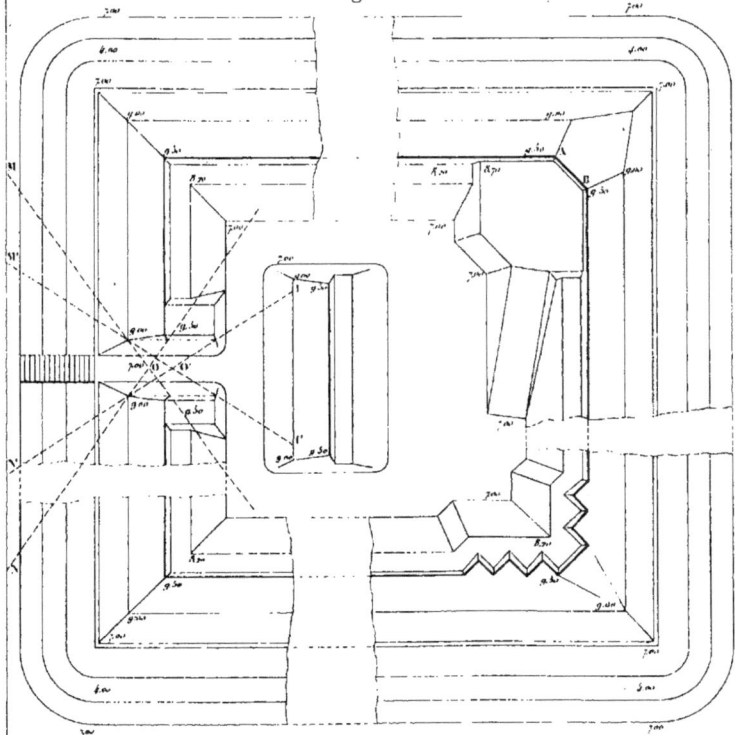

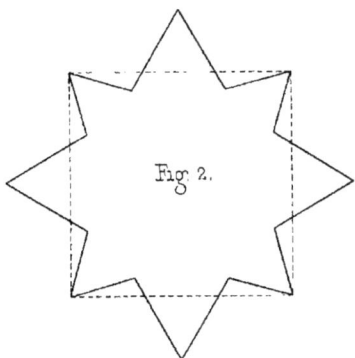

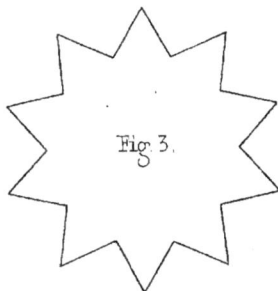

Echelle de o.oo2 par Metre (Fig.1.)

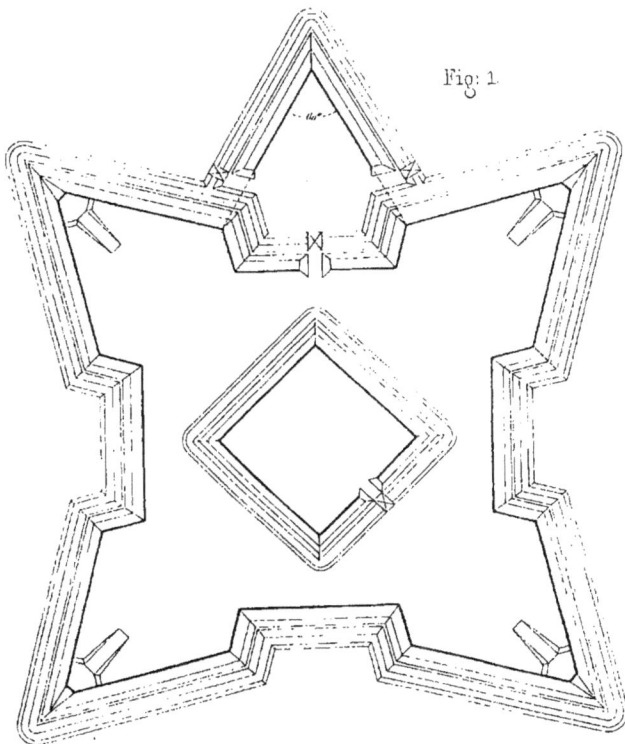

Fig: 1

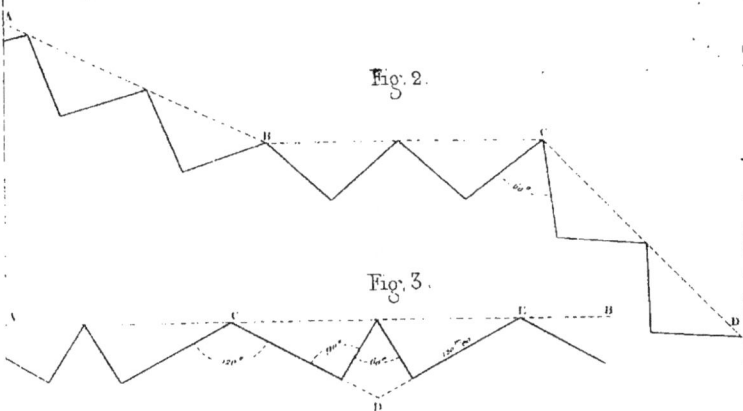

Fig: 2

Fig: 3

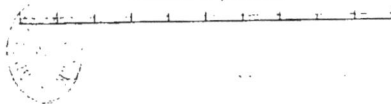

Échelle de 0,005 pour 1 Mètre.

Pollastri del.

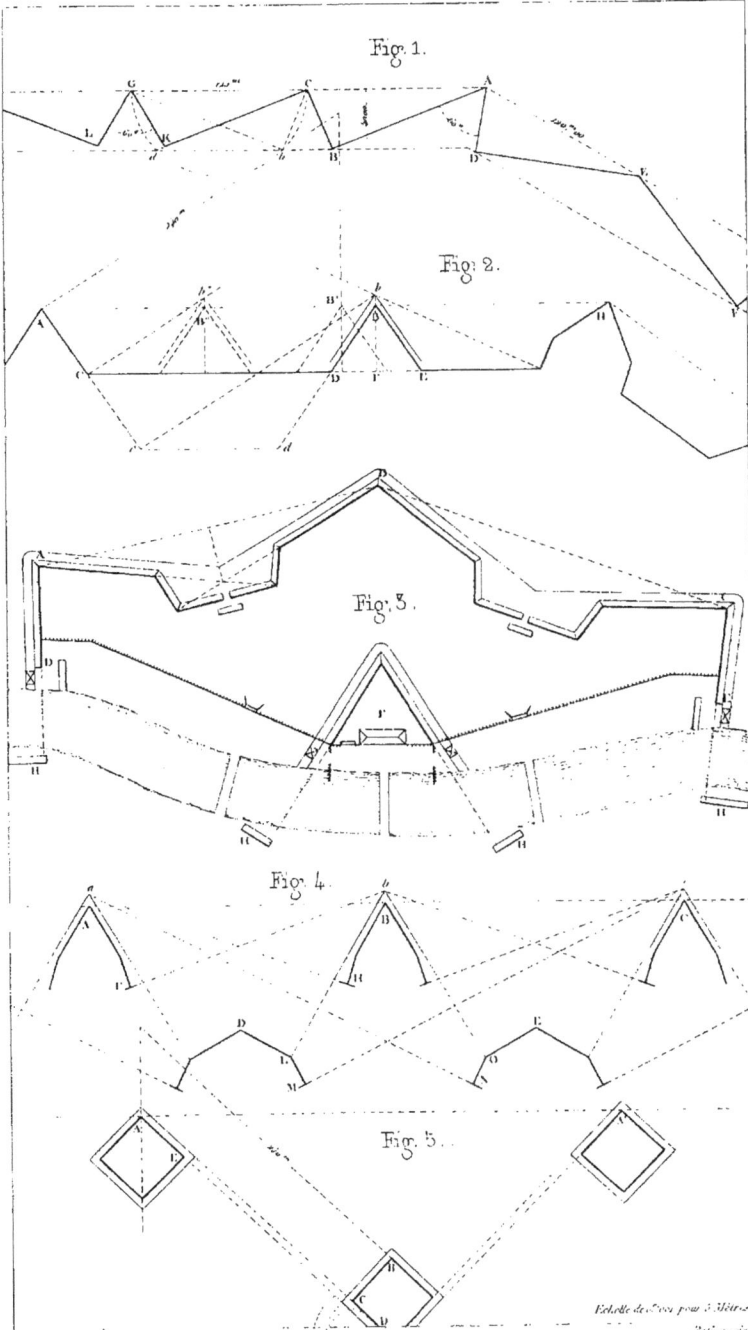

Fig. 1.

Fig. 2.

Fig. 3.

Fig. 4.

Fig. 5.

Echelle de 0,004 pour 5 Mètres.

Rathier del.

Fig. 1.

Fig. 2.

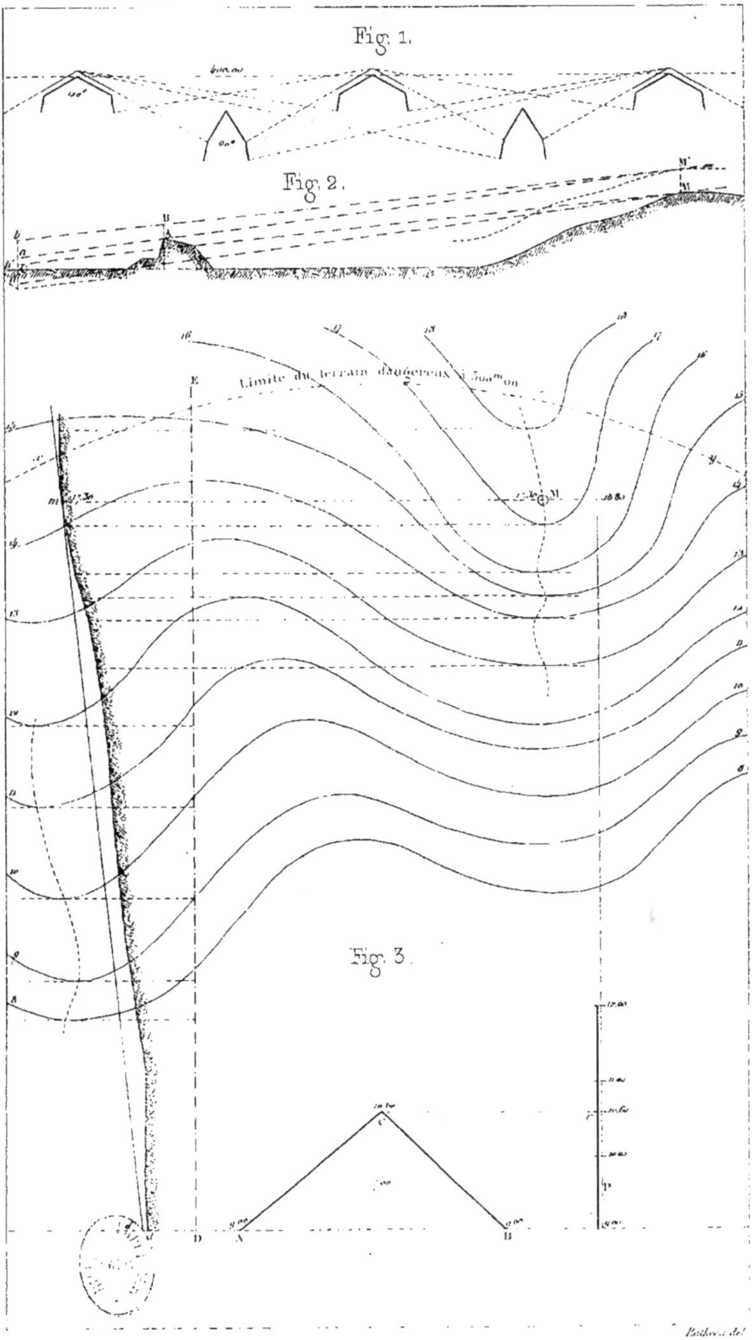

Limite du terrain dangereux à 700m,oo

Fig. 3.

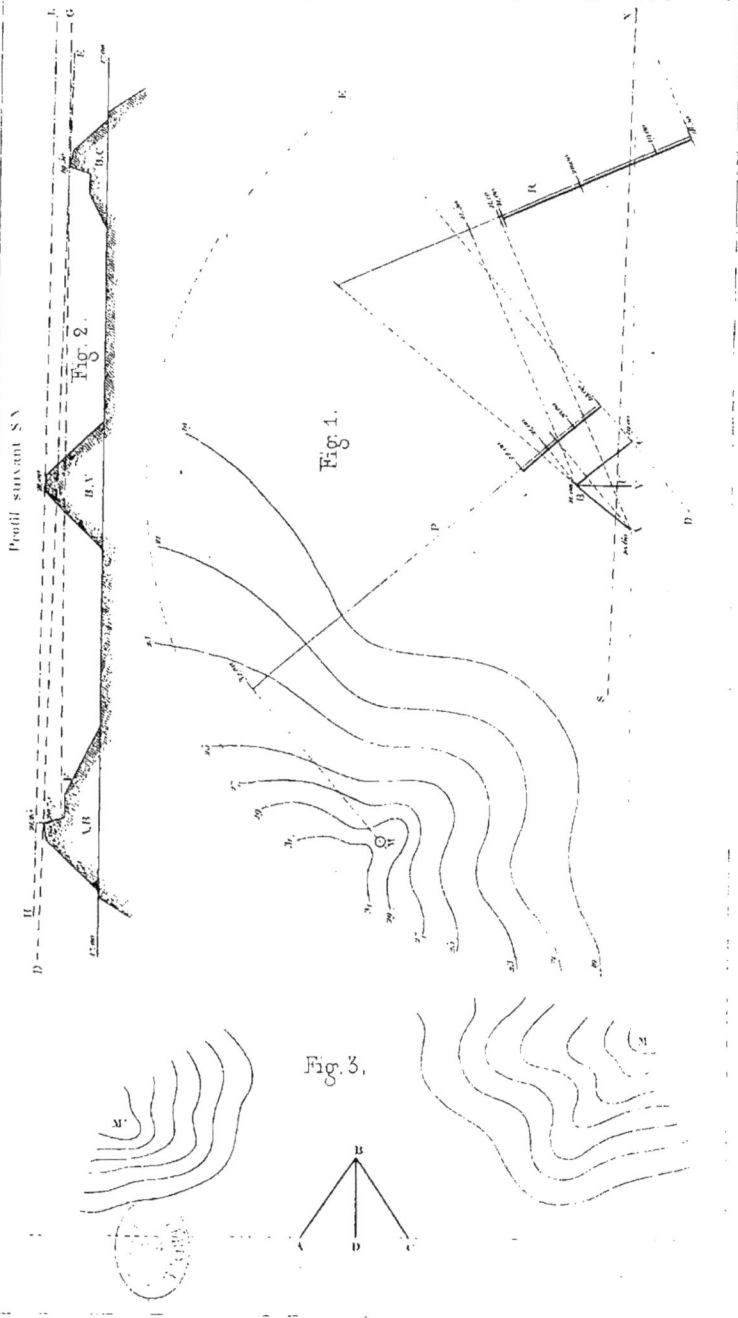

Pl. VIII.

Profil suivant S V

Fig. 2.

Fig. 1.

Fig. 3.

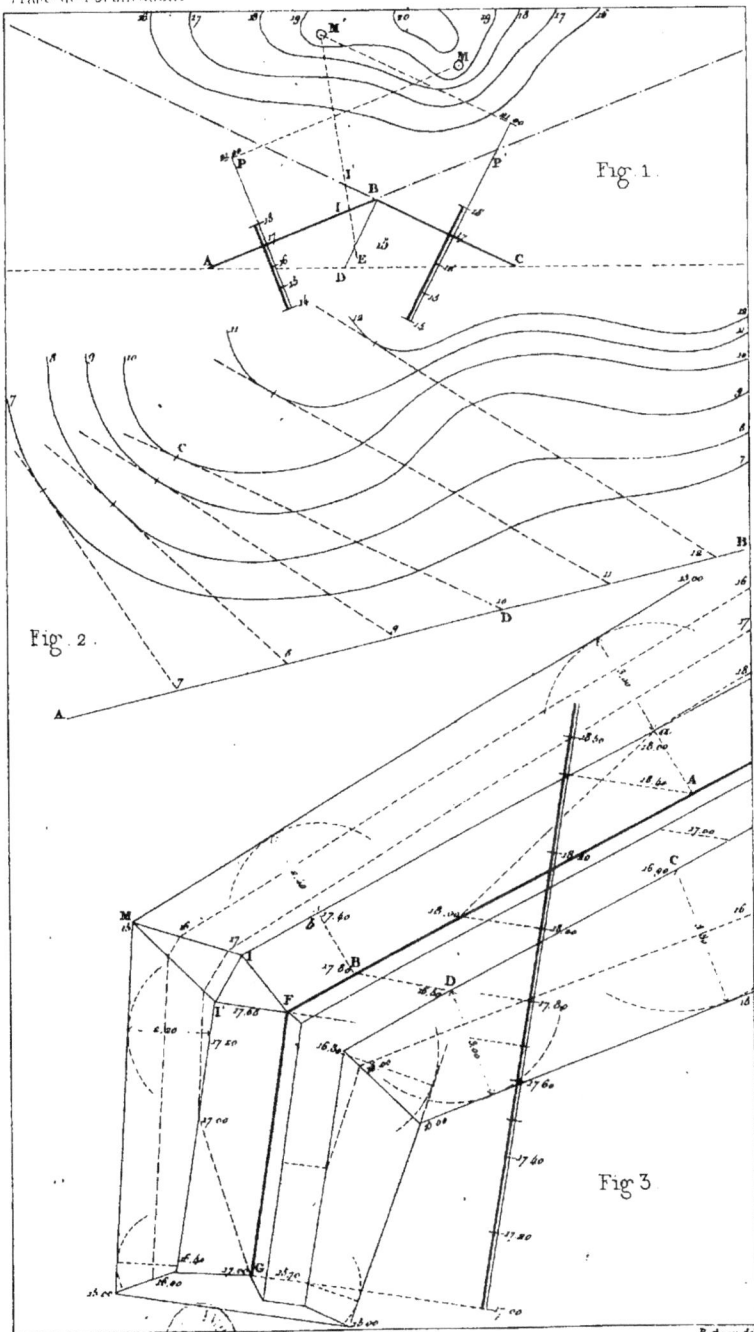

Fig. 1.

Fig. 2.

Fig 3

Rochvais del.

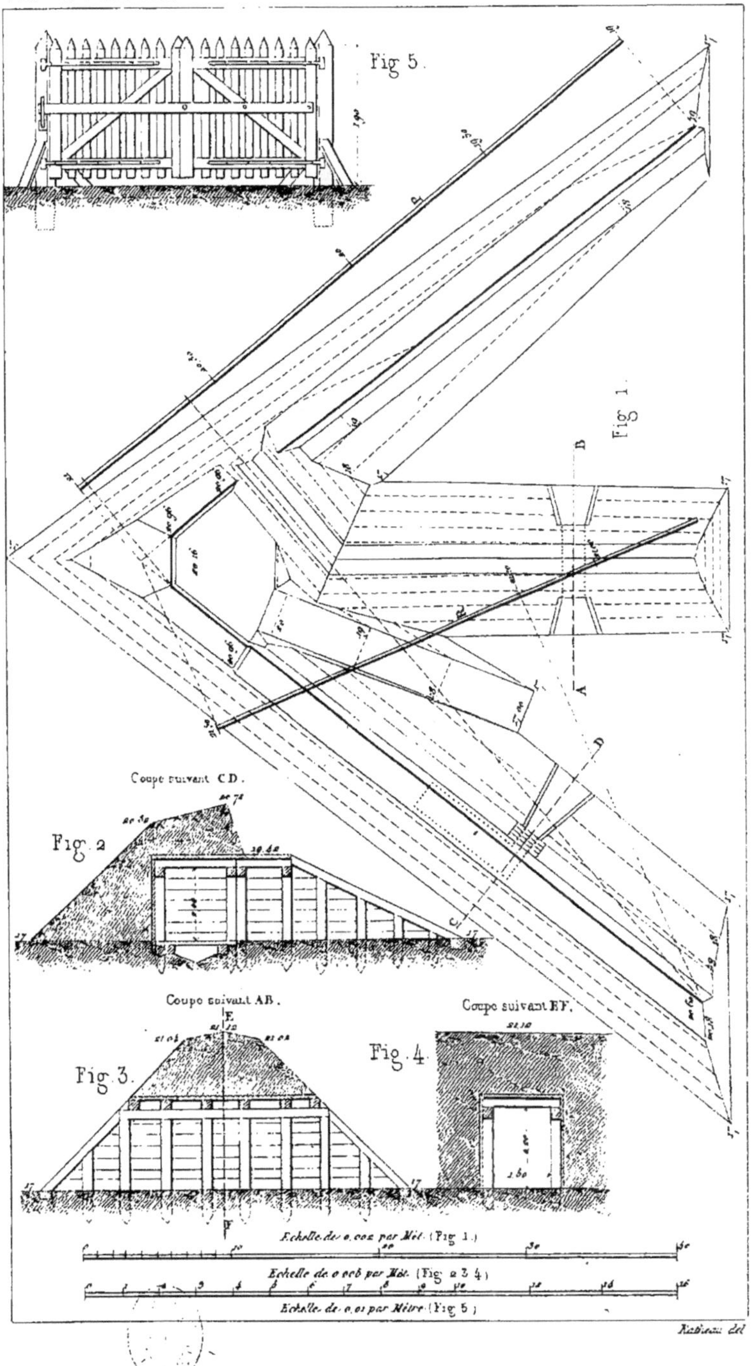

Fig 5.

Fig 1.

Coupe suivant CD.

Fig 2.

Coupe suivant AB.

Fig 3.

Coupe suivant EF.

Fig 4.

Echelle de 0.002 par Mèt. (Fig 1.)

Echelle de 0.008 par Mèt. (Fig 2 3 4.)

Echelle de 0.02 par Mètre (Fig 5.)

Rathieu del

Fig. 1.   Fig. 2.

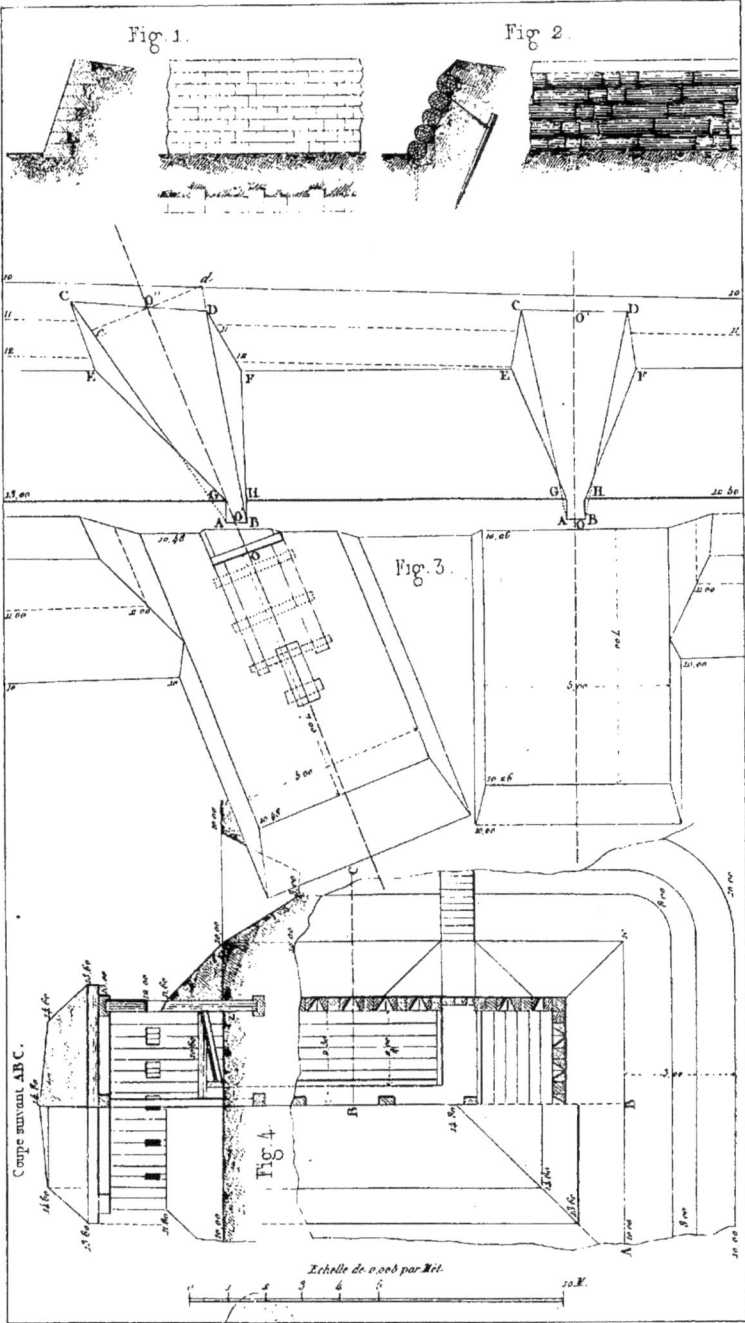

Fig. 3.

Coupe suivant ABC.

Fig. 4.

Echelle de 0.008 par Mèt.

Ratheau del.

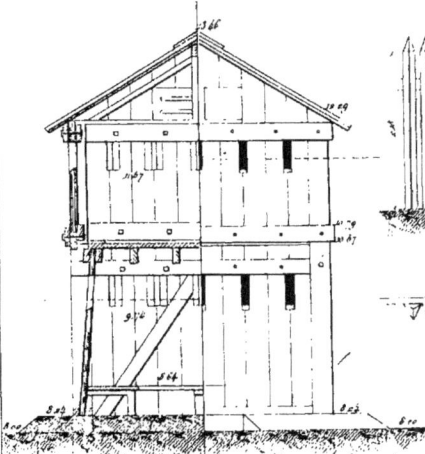

Fig. 1.

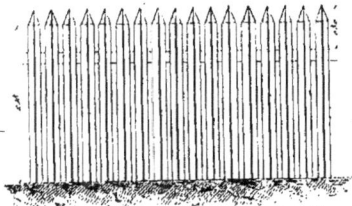

Fig. 2

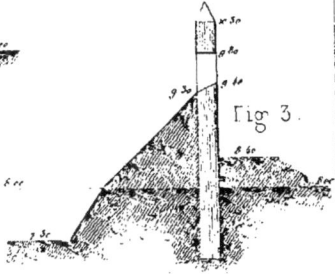

Fig. 3.

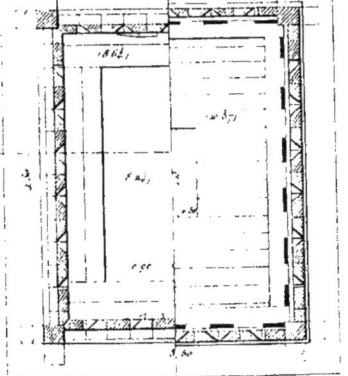

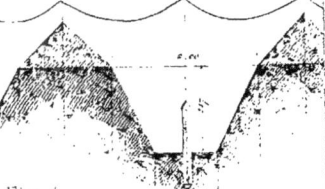

Fig. 4.

Fig. 5.

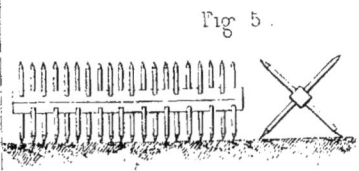

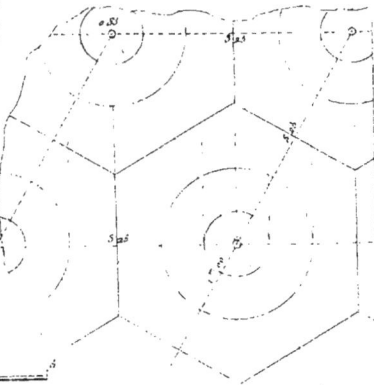

Echelle de 0,01 par mètre.

Mathieu del.

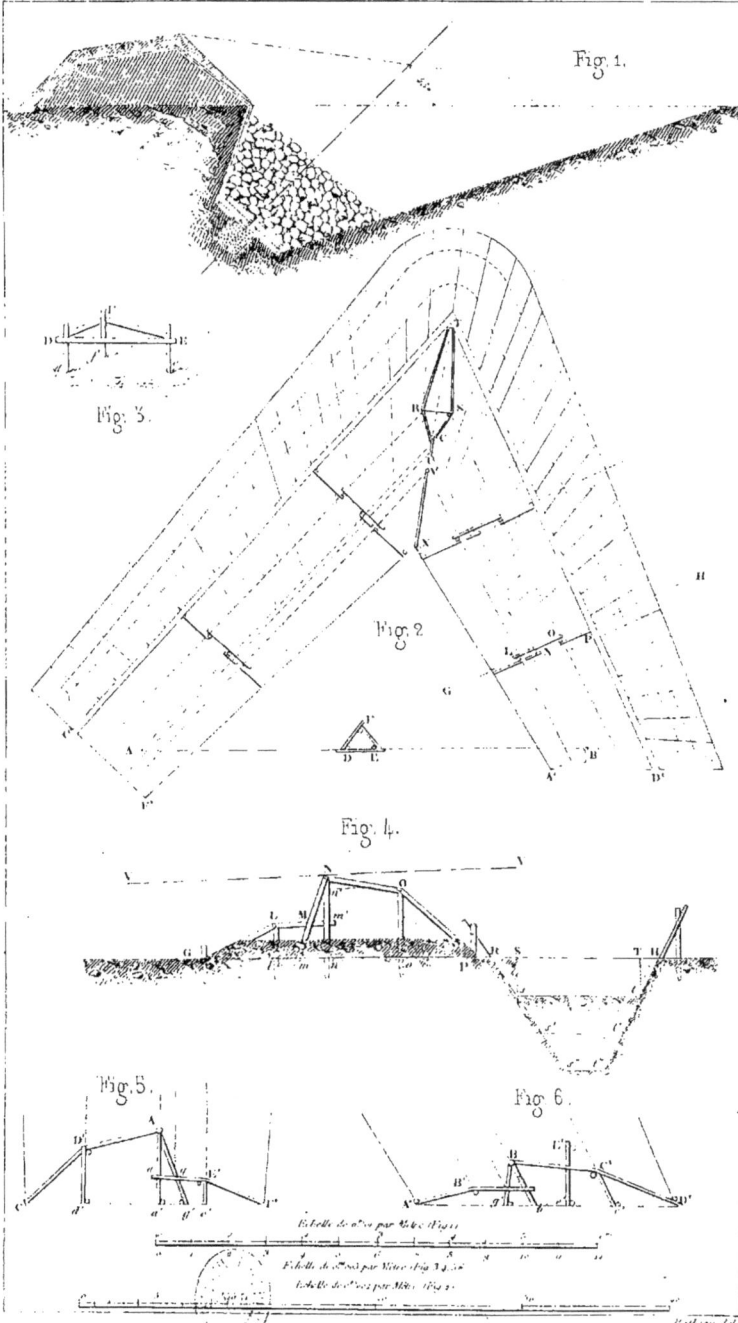

Fig. 1.

Fig. 3.

Fig. 2.

Fig. 4.

Fig. 5.

Fig. 6.

Échelle de 0™01 par Mètre (Fig. 1)

Échelle de 0™005 par Mètre (Fig. 3, 4)

Échelle de 0™01 par Mètre (Fig. 2)

Ratheau del.

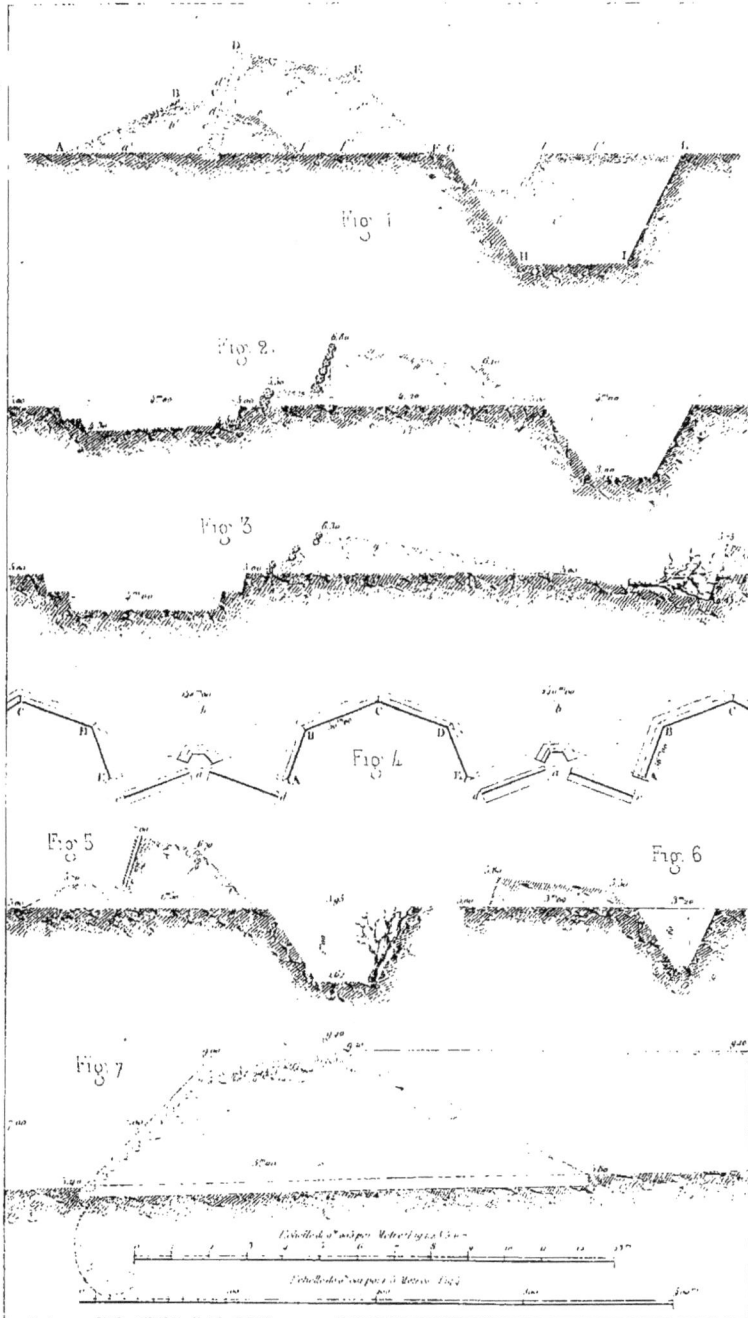

Pl. XIV.

Fig. 1

Fig. 2

Fig. 3

Fig. 4

Fig. 5

Fig. 6

Fig. 7

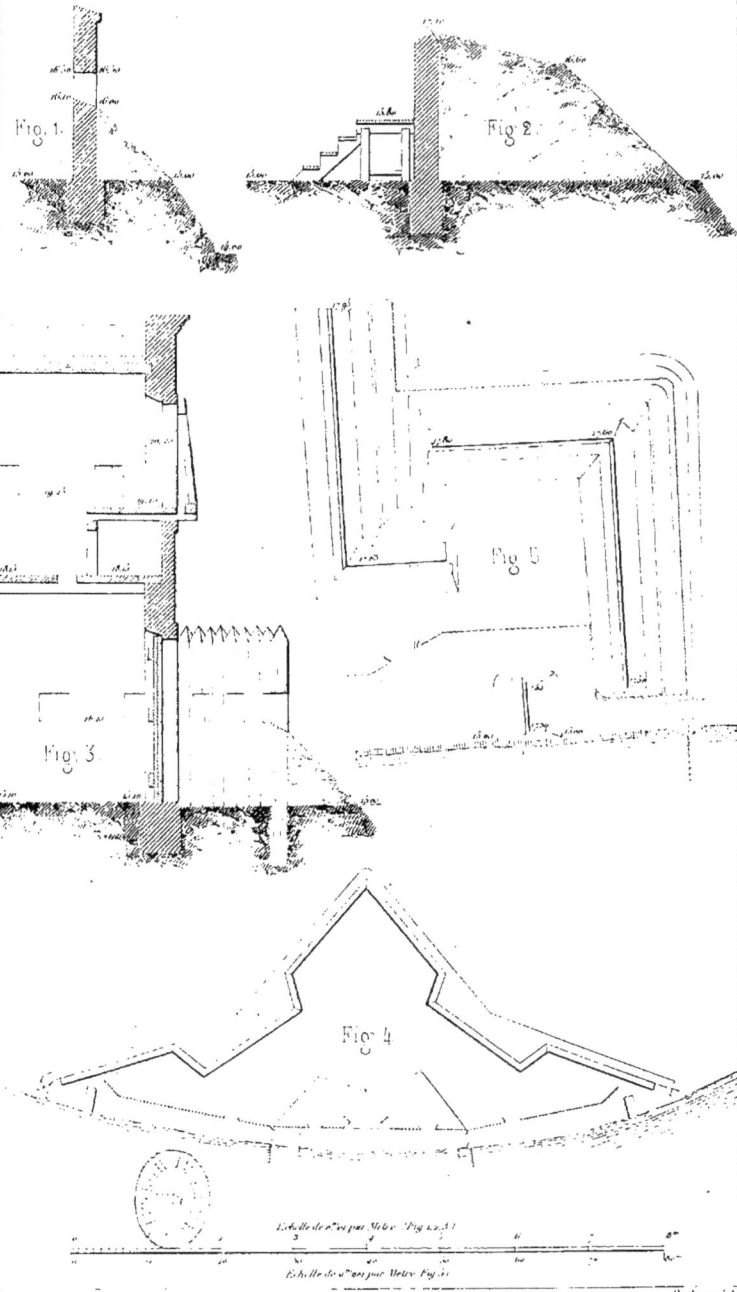

Fig. 1.

Fig. 2.

Fig. 3.

Fig. 5.

Fig. 4.

Echelle de o^moi par Metre Fig^s 1.2.3

Echelle de o^moi par Metre Fig^s

Rat. eau del.

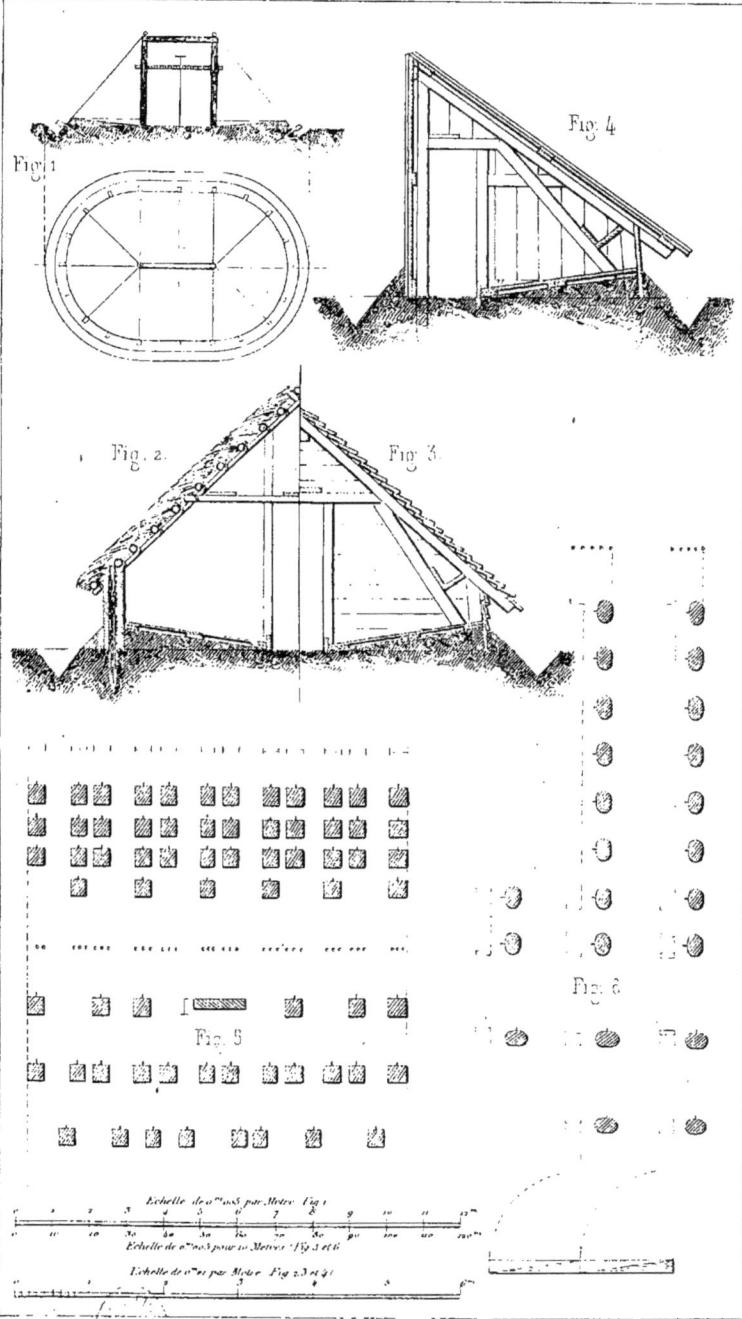

Fig. 1

Fig. 4

Fig. 2.   Fig. 3.

Fig. 5

Fig. 6

Echelle de 0^m,005 par Metre Fig.1

Echelle de 0^m,3 pour 10 Metres Fig. 5 et 6

Echelle de 0^m,01 par Metre Fig. 2.3 et 4.

Fig. 1.

Fig. 2.

Fig. 3.

Fig. 4.

Fig. 5.

Fig. 6.

Fig. 7.

Fig. 8.

Fig. 9.

Fig. 10.

Fig. 11.

Fig. 12.

Echelle de o^m01 par Mètre

Hubiau del.

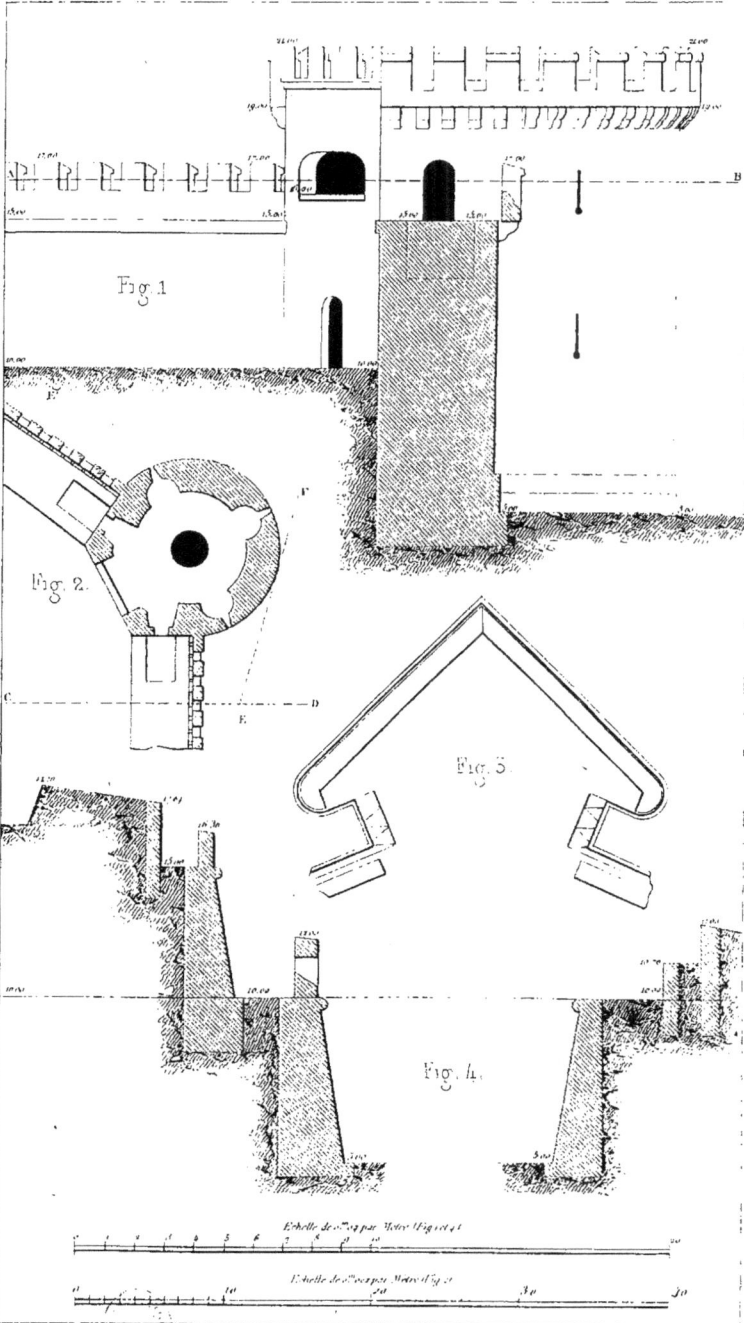

Fig. 1

Fig. 2.

Fig. 3.

Fig. 4.

Echelle de o.m. par Metre (Fig. 1 et 4)

Echelle de o.m. par Metre (Fig. 2)

Pl. XIX.

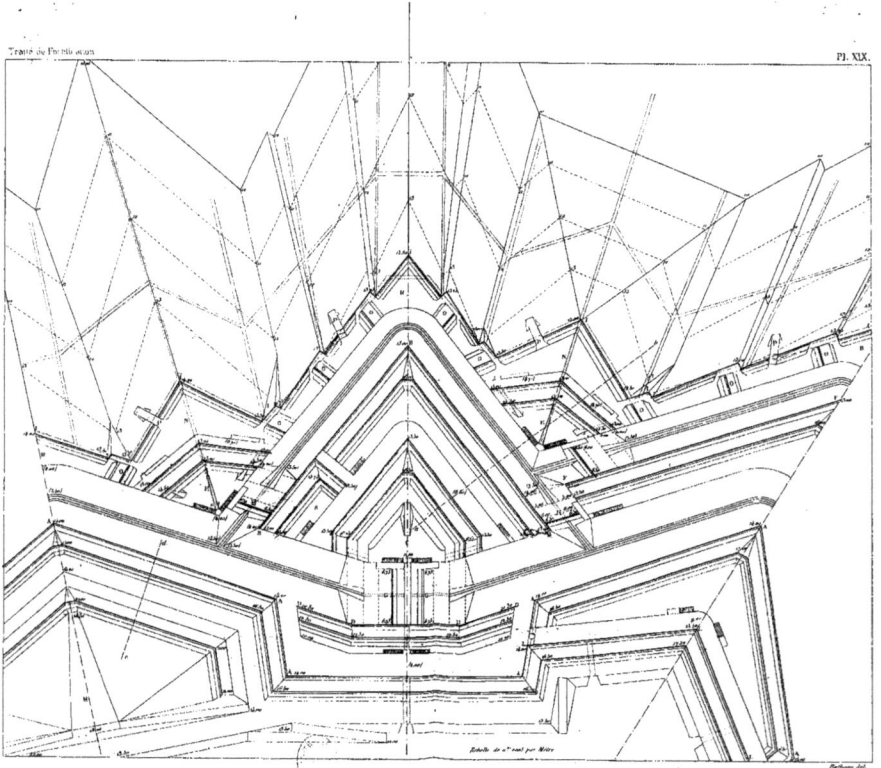

Echelle de o.^m oo1 par Mètre

Barbeau del.

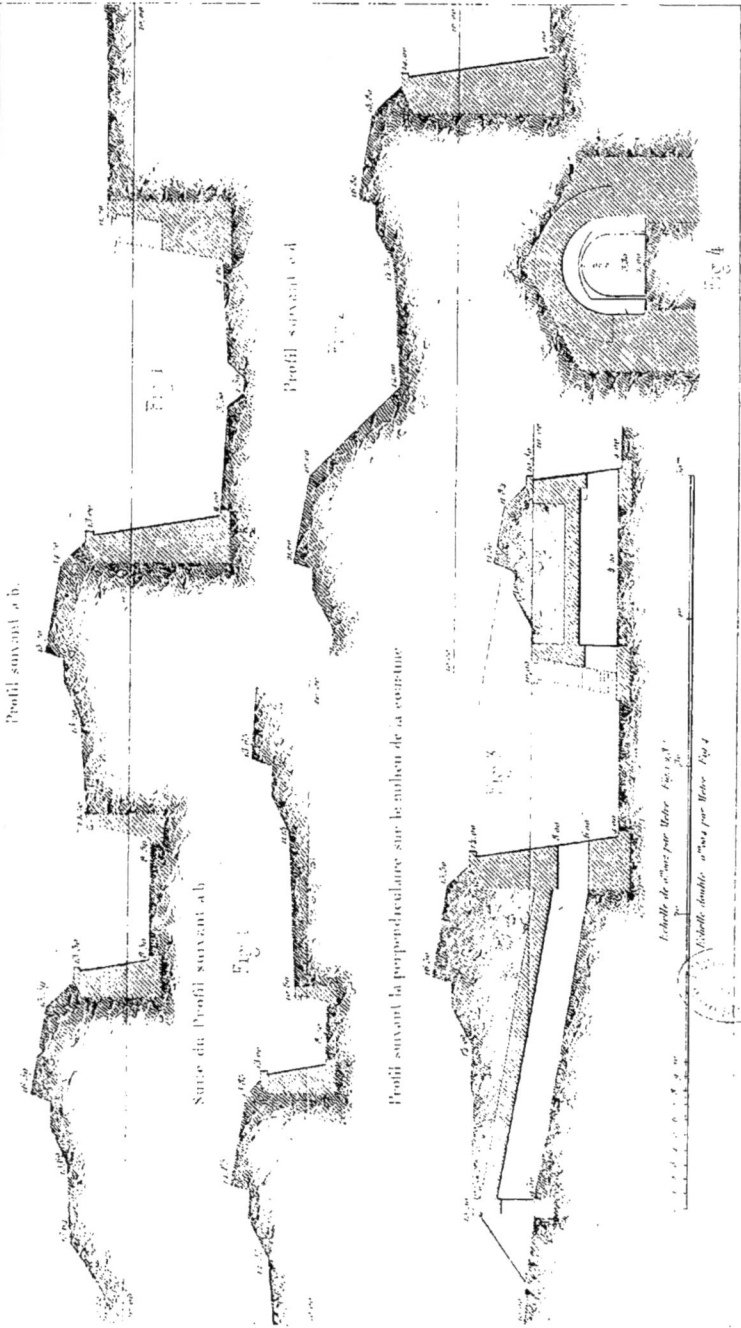

Pl. XIX bis

Profil suivant a.b.

Suite du Profil suivant a.b

Profil suivant c.d.

Profil suivant la perpendiculaire sur le milieu de la courtine

Fig. 4

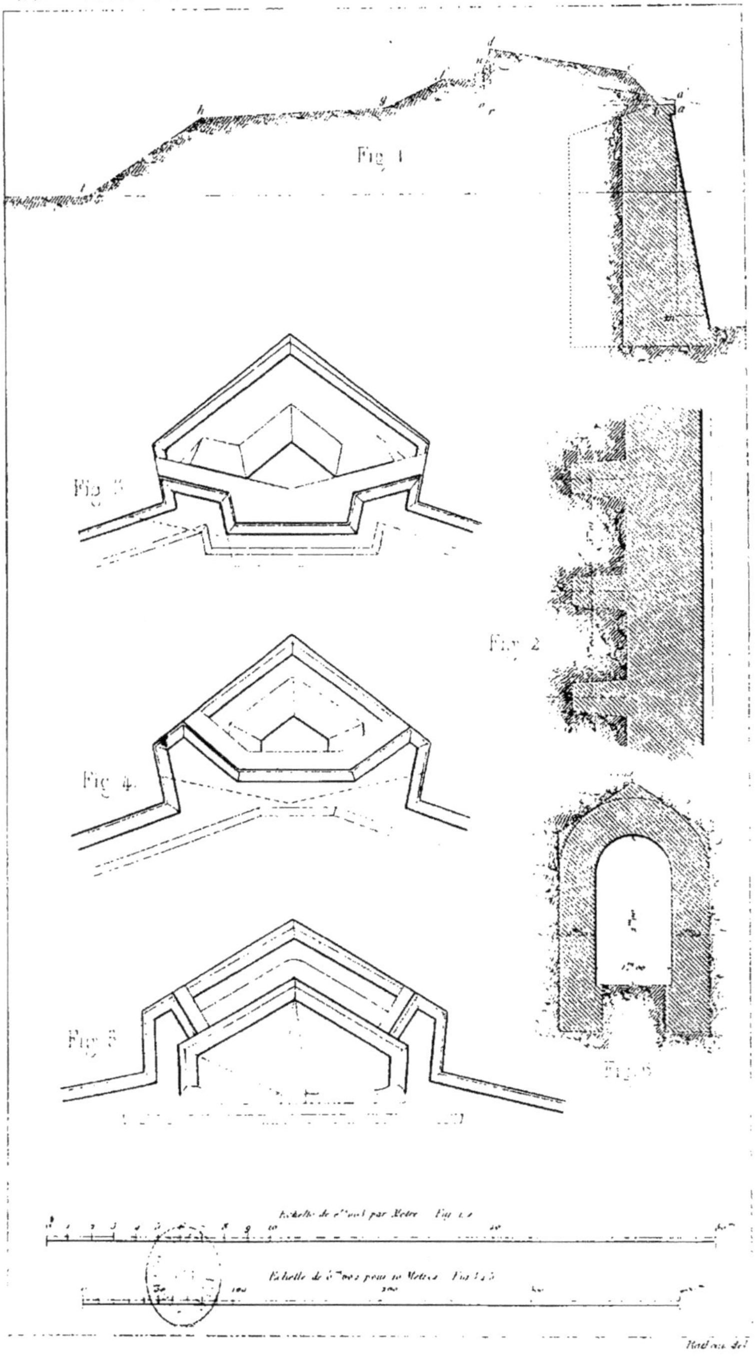

Pl. XX.

Fig. 1

Fig. 2

Fig. 3

Fig. 4

Fig. 5

Échelle de 1 mol par Metre Fig. 2.

Échelle de 2 mes pour 10 Metres Fig. 1.3.

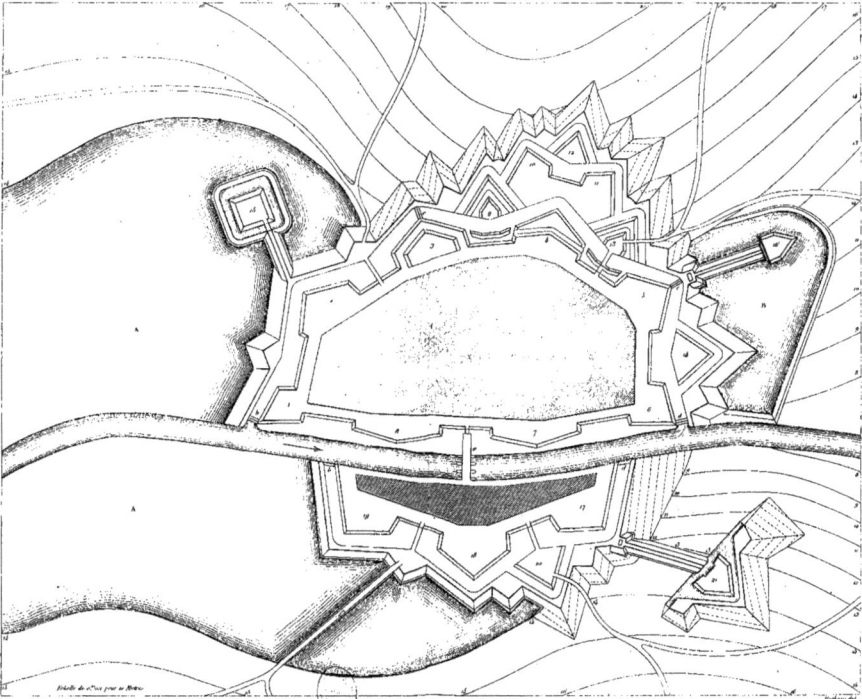

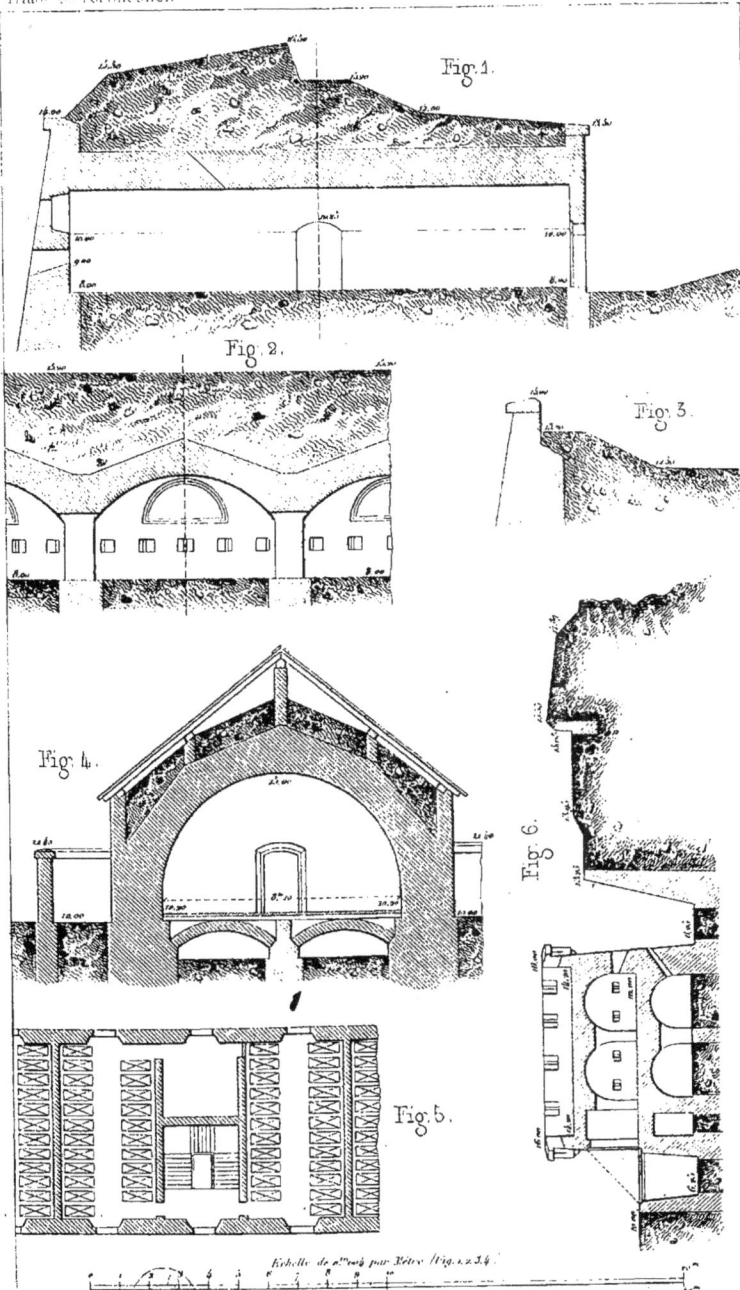

Pl. XXII.

Fig. 1.

Fig. 2.

Fig. 3.

Fig. 4.

Fig. 5.

Fig. 6.

Échelle de 0.004 par Mètre (Fig. 1.2.3.4)

Échelle de 0.002 par Mètre (Fig. 5.6)

Ratheau del.

Pl. XXIII.

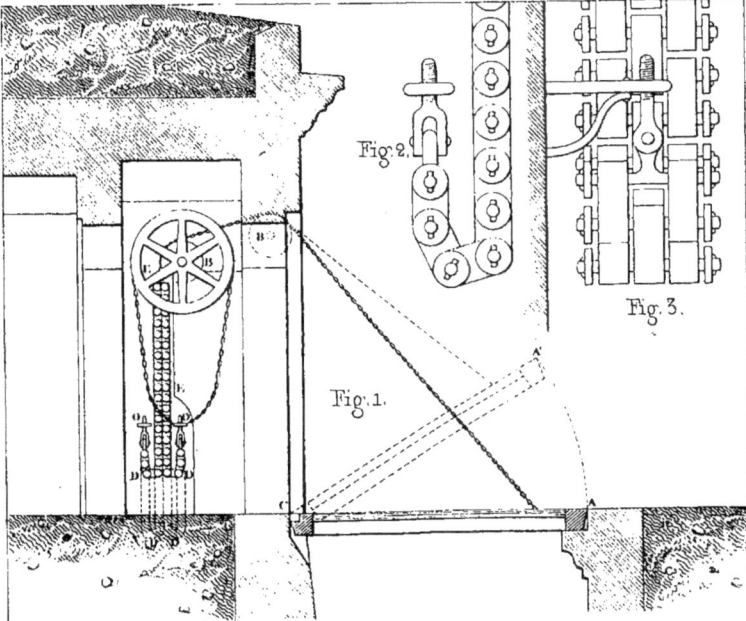

Fig. 2.

Fig. 3.

Fig. 1.

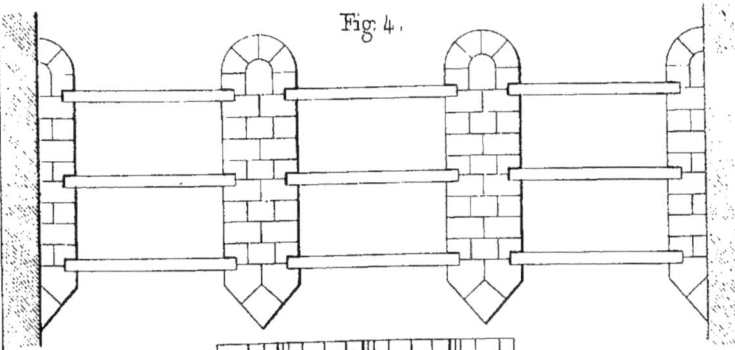

Fig. 4.

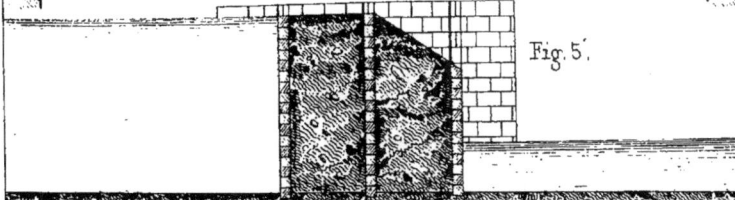

Fig. 5.

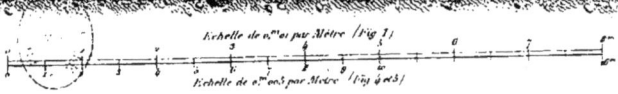

Échelle de 0.^m01 par Mètre (Fig. 1)

Échelle de 0.^m05 par Mètre (Fig. 4 et 5)

Finthoen del.

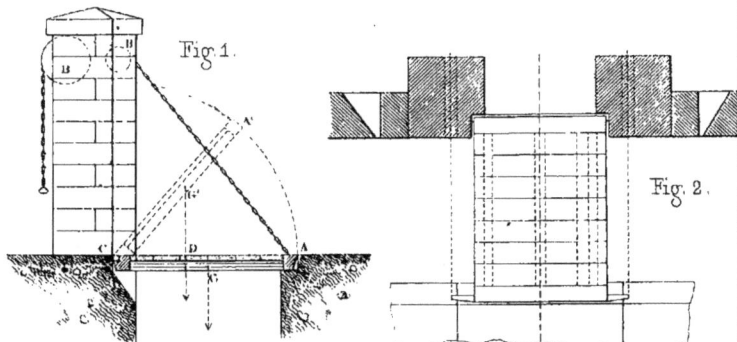

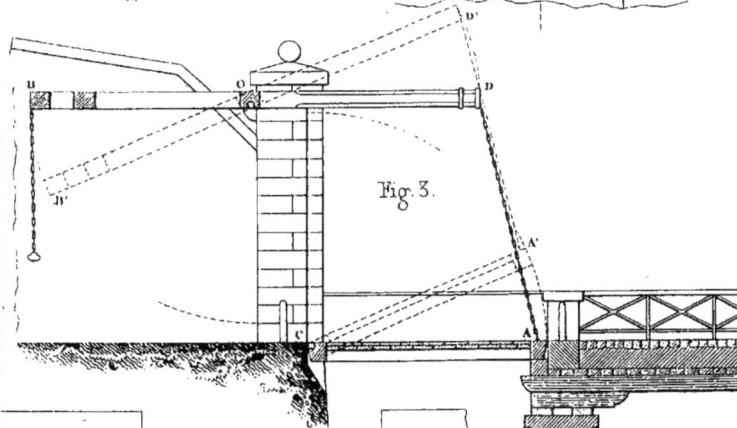

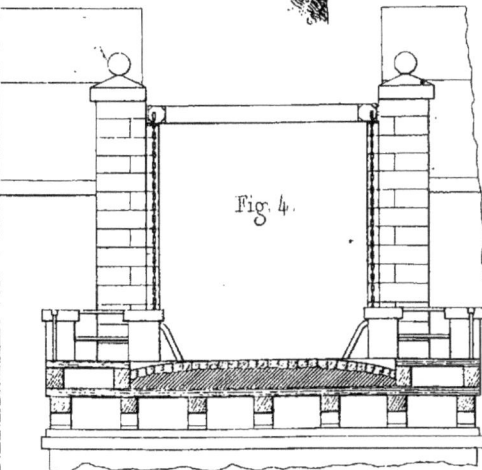

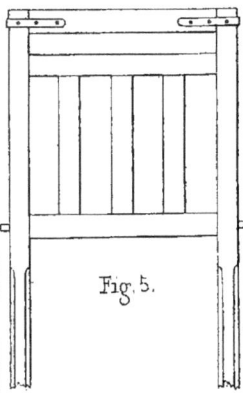

Pl. XXIV.

Fig. 1.

Fig. 2.

Fig. 3.

Fig. 4.

Fig. 5.

Echelle de 0,01 par Mètre (Fig 1 et 2)

Echelle de 0,005 par Mètre (Fig 3, 4 et 5)

Mathieu del.

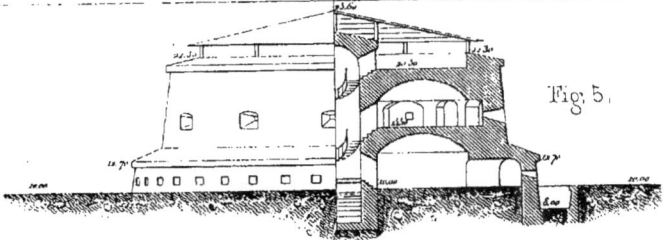

Fig. 5.

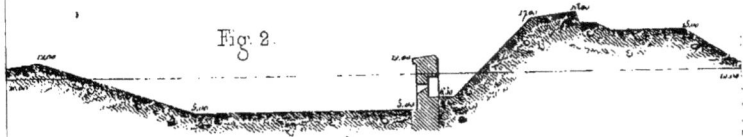

Fig. 2.

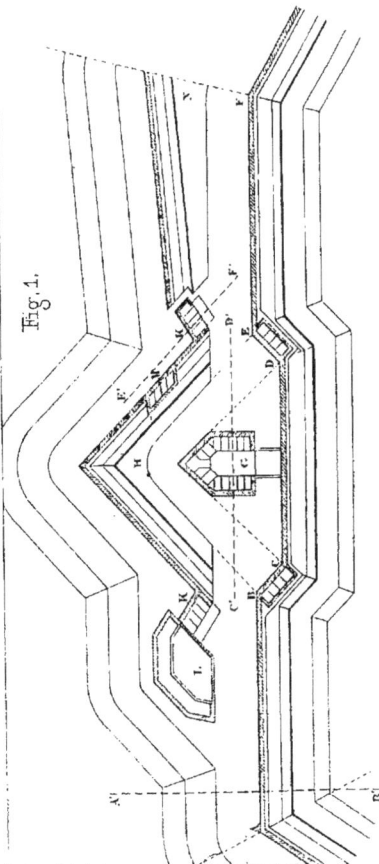

Fig. 1.

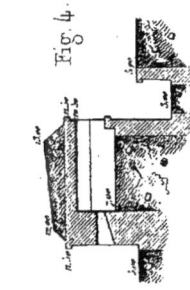

Fig. 4.

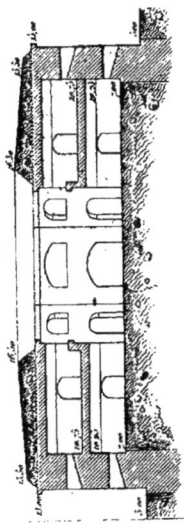

Fig. 5.

Echelle de 0,001 pour 10 Mètres (fig. 1 et 5)

Echelle de 0,001 pour 5 Mètres (Fig. 4)

Echelle de 0,002 pour 1 Mètre (fig. 2)

Mathieu del.

Pl. XXVI.

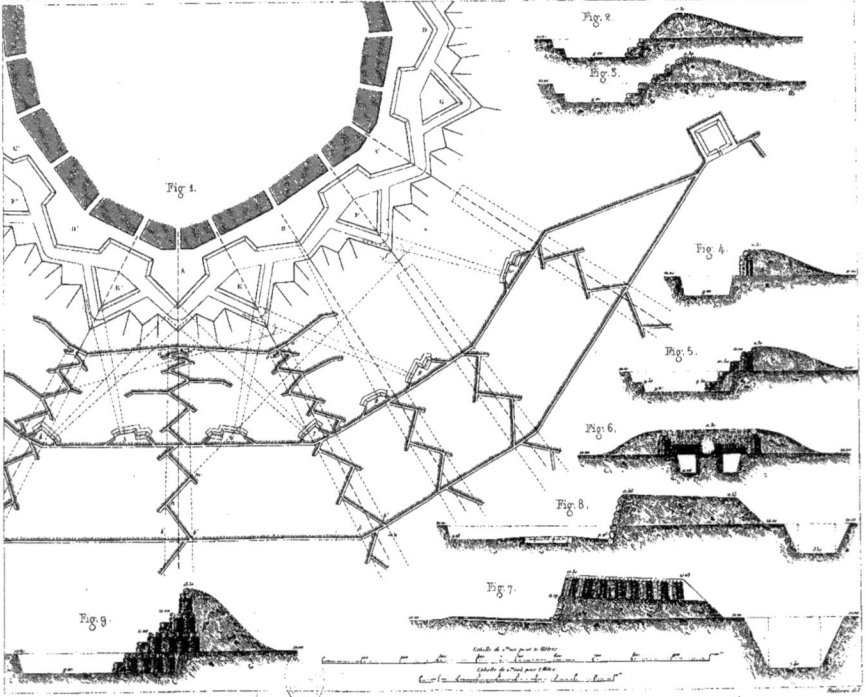

Fig. 1.

Fig. 2.

Fig. 3.

Fig. 4.

Fig. 5.

Fig. 6.

Fig. 8.

Fig. 7.

Fig. 9.

Échelle de o.^{me} po.r o Mètres

Échelle de o.^{me} pour l Mètre

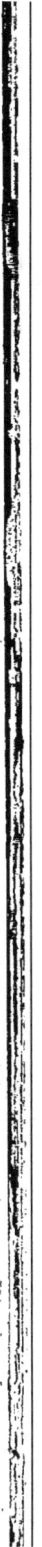

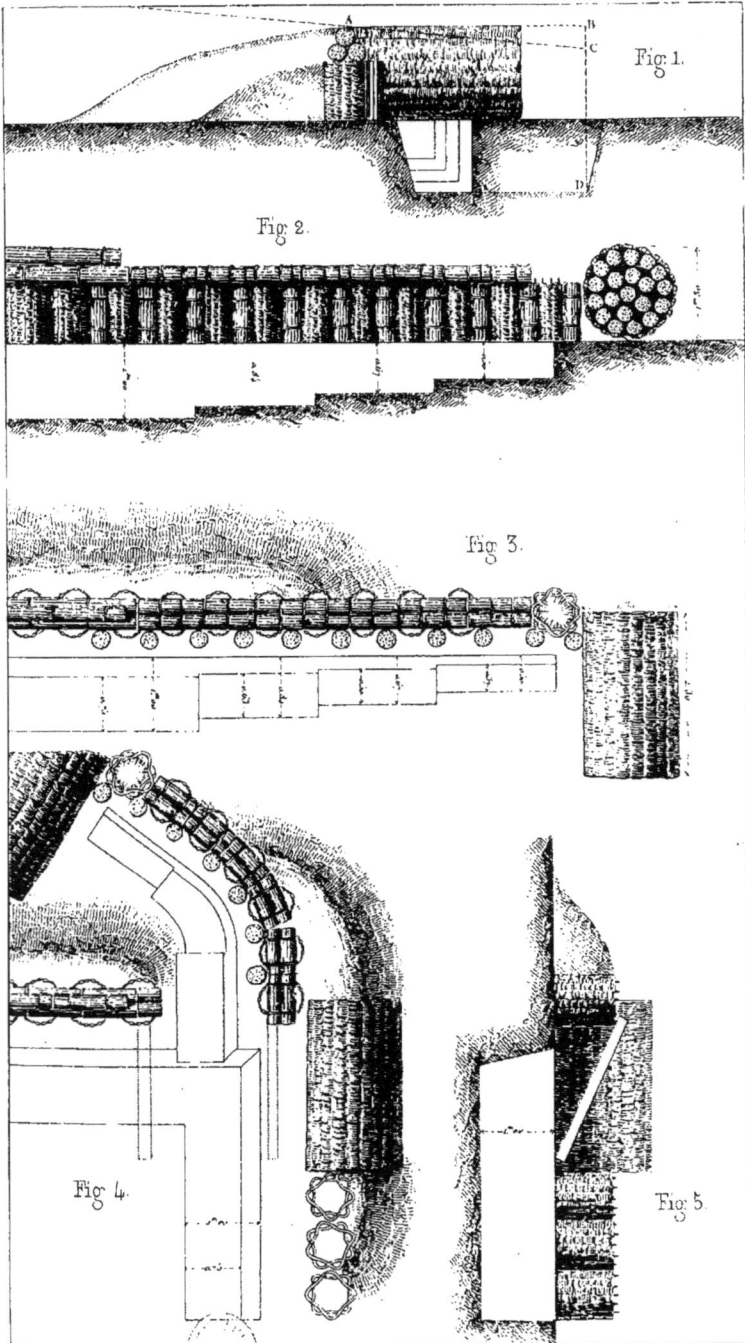

Fig. 1.

Fig. 2.

Fig. 3.

Fig. 4.

Fig. 5.

Hatheau del.

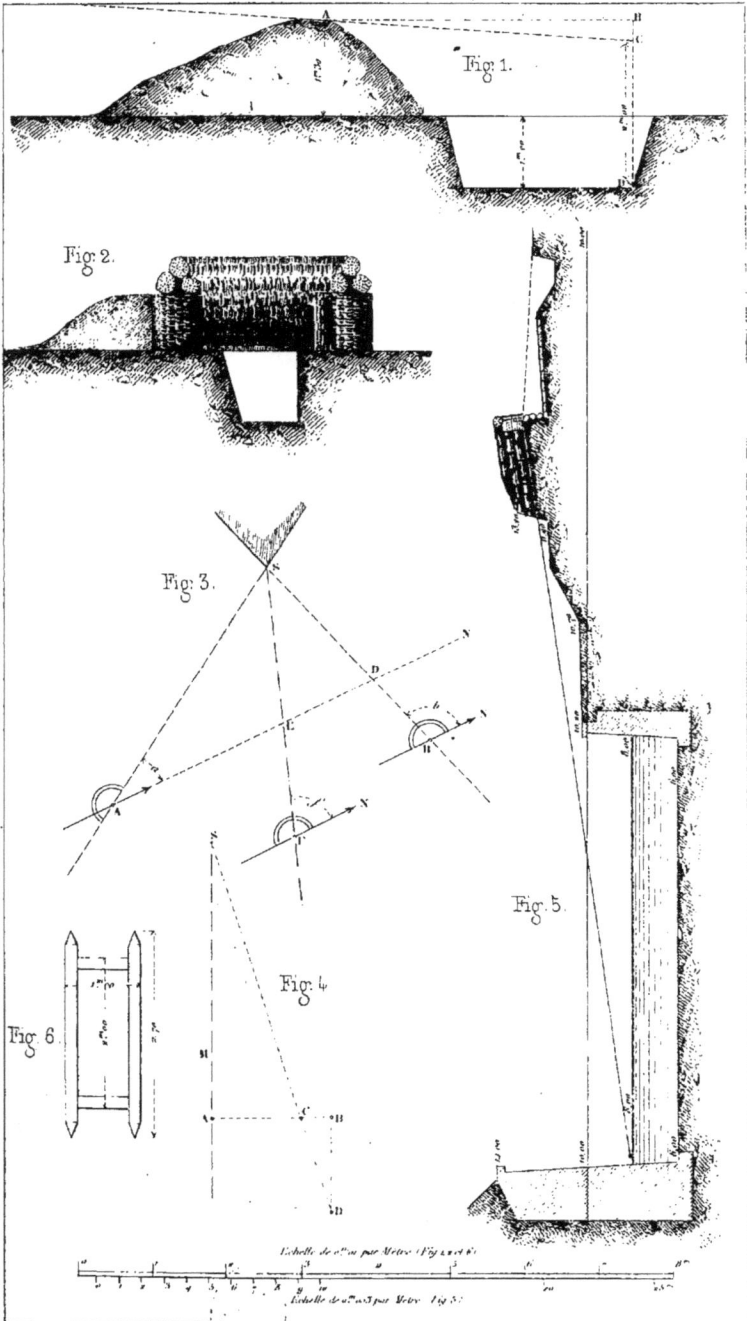

Fig. 1.

Fig. 2.

Fig. 3.

Fig. 4.

Fig. 5.

Fig. 6.

Echelle de o.^moi par Metre (Fig 1 et 6)

Echelle de o.^mo3 par Metre (Fig 5)

Mathieu del

Pl. XXIX.

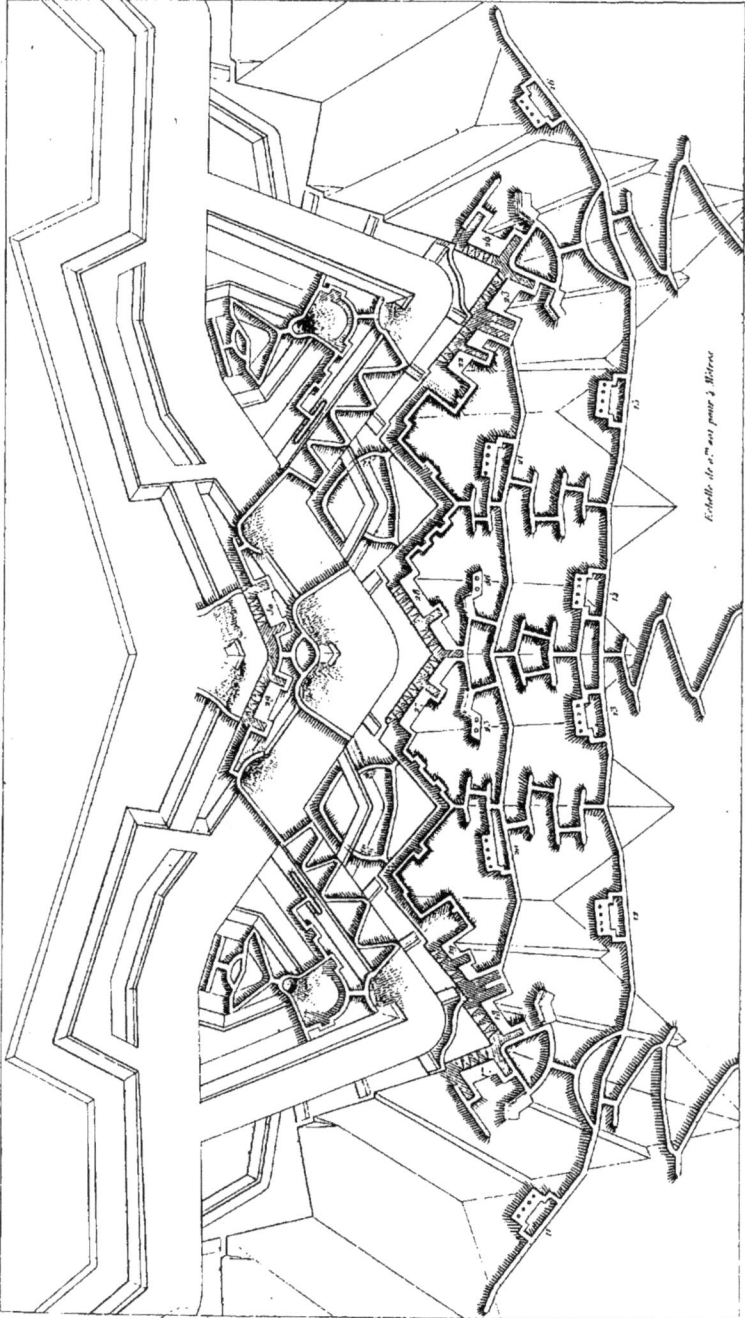

Echelle de 1m.01 pour 3 Mètres

Pl. XXX.

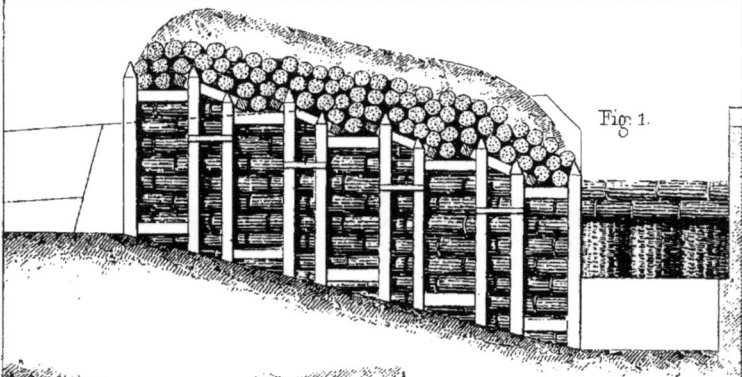

Fig. 1.

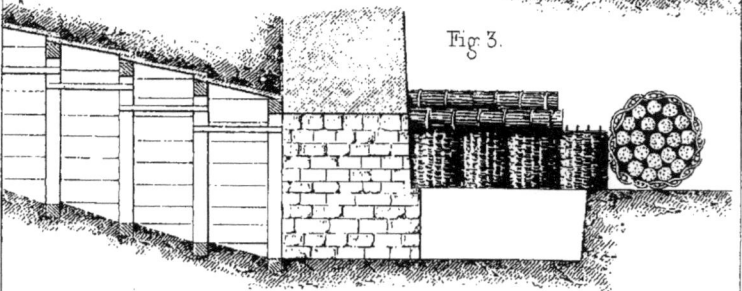

Fig. 3.

Fig. 2.

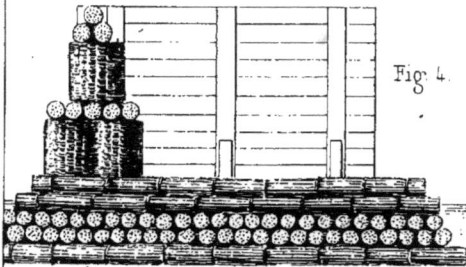

Fig. 4.

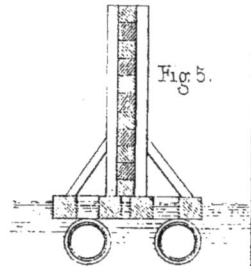

Fig. 5.

Échelle de om̄01 par Mètre

Bathème del.

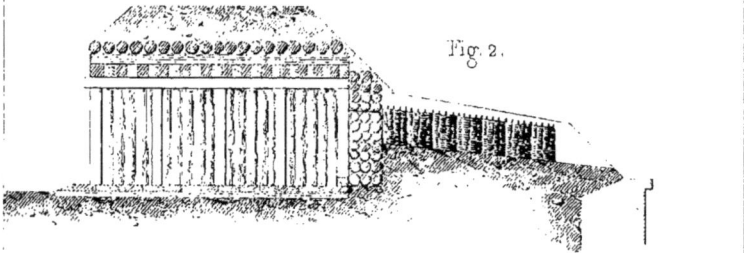

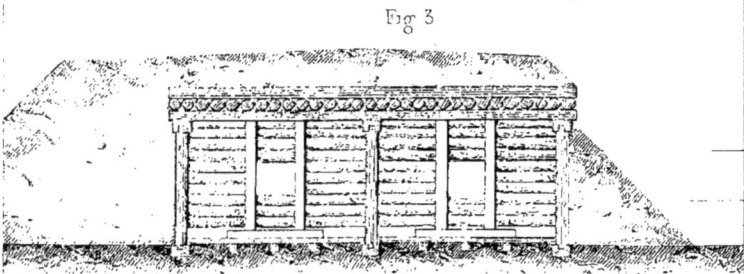

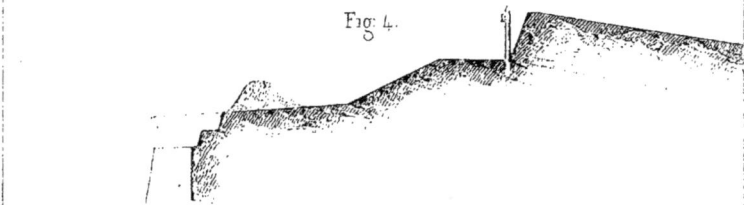

Pl. XXXI.

Fig. 1

Fig. 2.

Fig. 3

Fig. 4.

Échelle de m ... par Mètre

Fig. 1   Fig. 2   Fig. 3

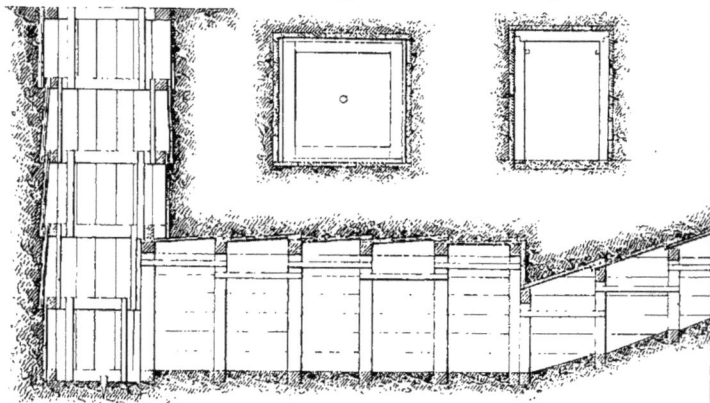

Fig. 4.   Fig. 5.

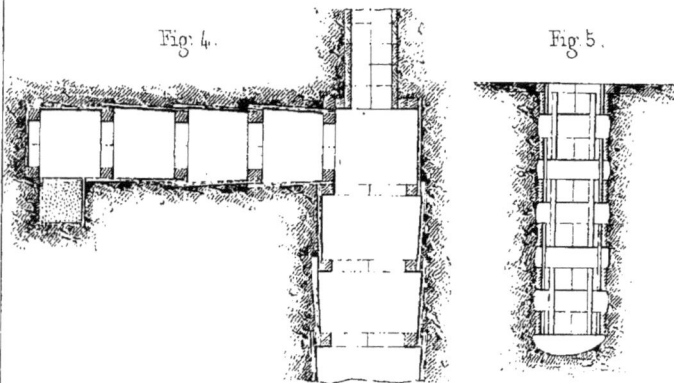

Fig. 6.

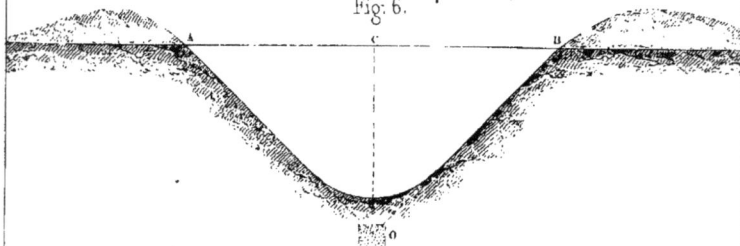

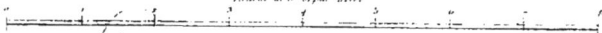

Echelle de 0.01 par Mètre

TABLE DES PLANCHES.

TABLE DES PLANCHES.

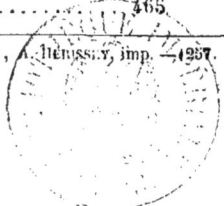

Evreux, A. Hérissey, imp. — 1857.

www.ingramcontent.com/pod-product-compliance
Lightning Source LLC
Chambersburg PA
CBHW070914280326
41934CB00008B/1719